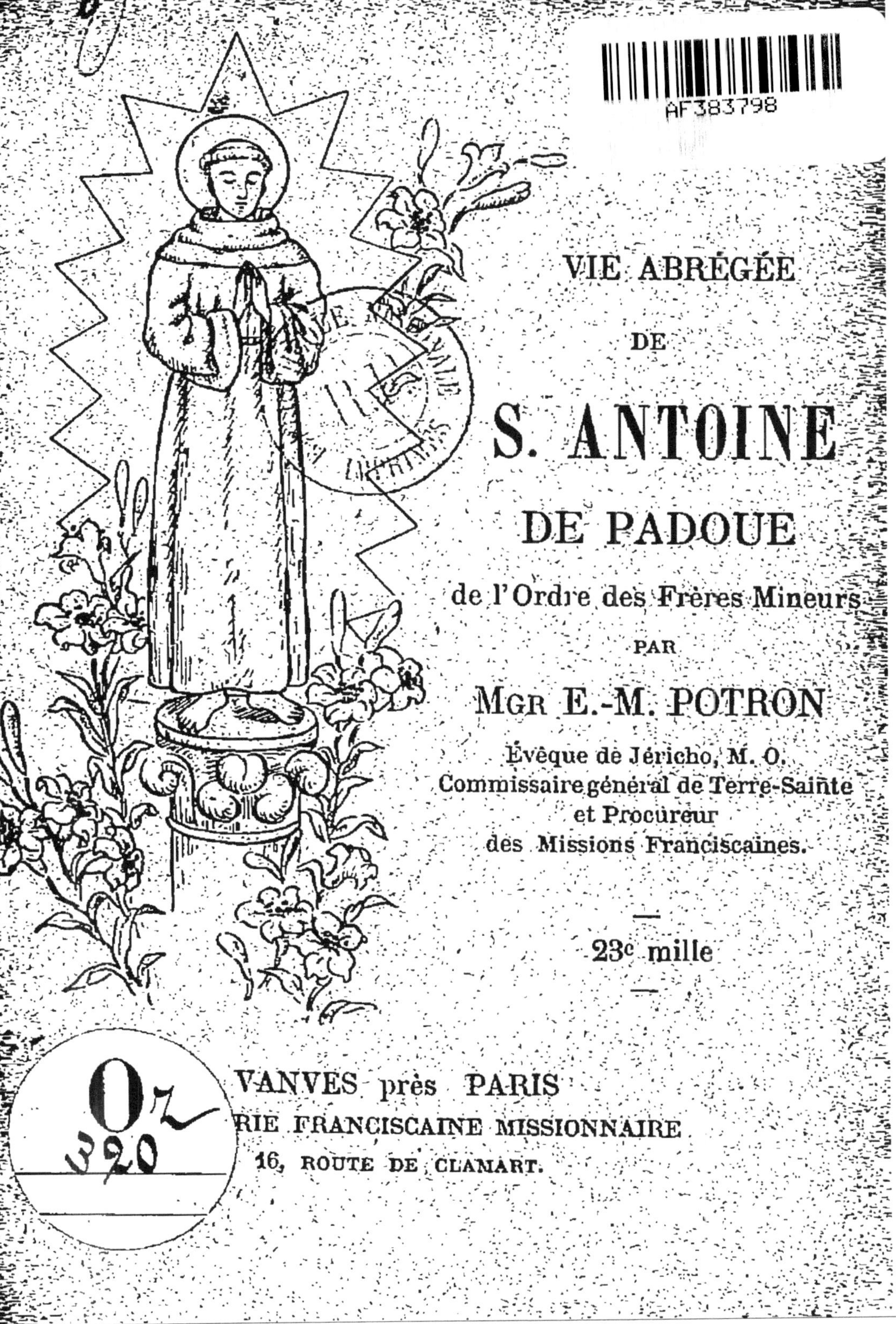

VIE ABRÉGÉE

DE

S. ANTOINE

DE PADOUE

de l'Ordre des Frères Mineurs

PAR

MGR E.-M. POTRON

Évêque de Jéricho, M. O.
Commissaire général de Terre-Sainte
et Procureur
des Missions Franciscaines.

23e mille

VANVES près PARIS
RIE FRANCISCAINE MISSIONNAIRE
16, ROUTE DE CLAMART.

VIE ABRÉGÉE

DE

SAINT ANTOINE DE PADOUE

APPROBATION

DU MINISTRE GÉNÉRAL DE TOUT L'ORDRE
DES FRÈRES MINEURS

Quoad nos, nihil obstat quominus typis mandari possit.

Romæ, ex Aracœli, 18 aprilis, anni 1885,
Fr. Bernardinus, *Min. Gén.*

†

Locus sigilli.

VIE ABRÉGÉE

DE

SAINT ANTOINE

DE PADOUE

de l'Ordre des Frères Mineurs

SUIVIE

D'UNE NEUVAINE ET DE PRIÈRES EN SON HONNEUR

PAR

Mgr ÉTIENNE-MARIE POTRON

Évêque de Jéricho, M. O.

Commissaire général de Terre-Sainte et Procureur
des Missions Franciscaines.

FÊTE LE 13 JUIN

23e mille

VANVES près PARIS.

IMPRIMERIE FRANCISCAINE MISSIONNAIRE

16, ROUTE DE CLAMART,

PRÉFACE

Un des meilleurs moyens pour obtenir les grâces d'un saint que l'on invoque, c'est la confiance en son pouvoir. Cette confiance s'acquiert surtout par la connaissance des vertus qu'il a pratiquées, ou des actions merveilleuses que le Seigneur a opérées par son intermédiaire. Il est donc très utile de connaître, au moins en abrégé, la vie du saint que l'on veut prier avant de recourir à son intercession.

La vie du grand Thaumaturge de l'Ordre des Frères Mineurs, saint Antoine de Padoue, formera la première partie de ce petit opuscule, destiné à augmenter la dévotion et l'amour envers cet ami de Dieu, qui ne refuse son secours à personne et qui est toujours disposé à accueillir favorablement les demandes qui lui sont adressées, suivant l'affirmation de saint Bonaventure : « On peut, dit ce séraphique « docteur, solliciter par l'intercession « de saint Antoine, toutes les grâces « qui ne se peuvent obtenir sans « miracle. Par lui, les choses perdues « sont retrouvées, les malades sont « guéris, la volonté de Dieu se fait « connaître, les épouses sont appelées « à la dignité de mères, les entreprises « réussissent, etc. »

La confiance, une fois ravivée par la lecture de la vie du saint, comme les grâces, ne s'obtiennent que par la prière faite avec une foi vive en celui que l'on invoque, selon les paroles du Sauveur : « *Petite et accipietis.* Demandez et vous recevrez, » la deuxième partie se trouve naturellement indiquée. Elle se compose d'un recueil de prières en l'honneur de saint Antoine de Padoue, prises surtout dans le Bréviaire romano-séraphique.

Plaise à Dieu que ce petit travail augmente de plus en plus la confiance en saint Antoine et le fasse aimer davantage. C'est le désir de l'auteur qui se recommande aux prières de ceux qui le liront.

Du Commissariat de Terre-Sainte,
Paris, 83, rue des Fourneaux, 26 avril 1886.

P. Marie, de Brest,
Commissaire général de Terre-Sainte

VIE ABRÉGÉE

DE

S. ANTOINE DE PADOUE

DE

L'ORDRE DES FRÈRES MINEURS

(1195-1231)

Fête le 13 Juin

I

NAISSANCE DE SAINT ANTOINE.

Saint Antoine naquit à Lisbonne, le 15 août 1195, de Martin de Bouillon et de Thérèse Tavera, personnages nobles et illustres, et reçut au baptême le nom de Ferdinand. La pieuse mère montrait souvent à son fils l'église dédiée à l'Assomption de Marie, et l'enfant la regardait avec ce transport d'amour filial qu'il a toujours

conservé pour la Sainte Mère de Dieu.
Placé à dix ans, parmi les clercs de la cathé-
drale, il se fit remarquer entre tous par son
travail et sa piété (1). A quinze ans, il entra
dans l'institut des chanoines réguliers de
Saint-Augustin, où l'on admira sa vie
exemplaire, son imitation des vertus de Jésus
et de Marie, sa charité parfaite et son humilité profonde. Il consacrait tous les loisirs
que lui laissait son emploi, à la prière et à
l'étude des divines Écritures et des saints
Pères : aussi il acquit rapidement une
science véritablement merveilleuse.

Jaloux de tant de vertu, dans un âge si
tendre, le démon tente de troubler la sénérité
d'âme où vivait notre saint ; il lui apparaît
un jour sous une forme hideuse ; plein de
foi, Ferdinand cherche un refuge dans la
croix dont il trace de son doigt virginal le
signe adorable sur le marbre qui forme le

____

(1) C'est pour ce motif que l'Espagne, le Portugal et les
anciennes colonies de ces deux États le considèrent
comme patron des écoles.

gradin du chœur ; au contact de cette chair si pure, la pierre s'amollit, et le signe de la croix resta empreint sur le marbre, comme un trophée de la puissance divine. Après six siècles, le pieux voyageur peut encore vénérer ce monument d'une première victoire, prélude de tant de triomphes sur l'ennemi du genre humain.

II

ENTRÉE CHEZ LES MINEURS

L'an 1220, à l'âge de 25 ans, saint Antoine revêtit l'habit de Frère Mineur dans le couvent des Franciscains d'Olivarès et changea son nom de Ferdinand en celui d'Antoine. Au mois de décembre de cette même année, il s'embarqua pour l'Afrique avec le désir d'y trouver le martyre ; mais il fut atteint de fièvres violentes qui persistèrent pendant tout le printemps. Rappelé par ses Supérieurs, il rentrait en Espagne, lorsqu'une tempête le jeta en Sicile. De là, il se rendit à Assise, où saint François présidait un Chapitre Général. Sa profonde humilité le faisait prendre par tous pour un sujet simple et ignorant, et aucune des familles religieuses nouvellement établies ne voulait l'accepter. Le Père Gratien, Provincial de Romagne, apprenant qu'il était prêtre, l'envoya dans un hospice de Frères convers à Montepaolo pour y dire la Messe. L'exercice des plus vils emplois, les disciplines, les veilles et les jeûnes, furent ses plus chères et ses plus agréables occupations pendant les neuf mois qu'il y passa. Il voulait, par une telle vie, compenser le martyre qu'il désirait si vivement sans pouvoir l'obtenir.

III

MINISTÈRE APOSTOLIQUE.

Pendant le Carême de 1222, le saint fut appelé à Forli au Chapitre Provincial où se trouvaient aussi quelques Religieux Dominicains. Invités par le P. Gratien à parler de Dieu, ceux-ci s'excusèrent, disant qu'ils ne s'étaient point préparés pour un sujet si élevé. Se tournant alors vers Antoine : « Prêchez donc, vous ! » lui dit le Provincial. Surpris, le saint chercha d'abord par humilité à se soustraire à cet honneur, disant que, depuis qu'il était franciscain, il n'avait pas lu d'autre livre que son Bréviaire ; mais bientôt l'humilité le céda à l'obéissance, et cet ardent flambeau de l'amour divin brilla enfin de tout son éclat. Son érudition, la clarté de ses raisonnements et l'onction de ses paroles excitèrent chez tous une telle surprise, que bientôt le Provincial l'établit prédicateur de la Romagne. Peu après, le saint Patriarche, François d'Assise, apprenant ses vertus, le nomma prédicateur des autres Provinces.

IV

SAINT ANTOINE AU PUY.

Pendant qu'il était Gardien au Puy, en 1225, Antoine y fit la connaissance d'un jeune notaire. Bien que celui-ci fut de mœurs corrompues, le saint le saluait profondément toutes les fois qu'il le rencontrait. Le notaire, regardant ce salut comme une moquerie, chercha à fuir la rencontre du Religieux. Un jour pourtant, il ne put l'éviter, et saint Antoine le salua comme il en avait coutume. Le notaire entrant en fureur, s'écria : « Je « ne sais ce qui m'empêche, manant que « vous êtes, de vous plonger cette épée dans « le corps ; pourquoi suis-je donc l'objet de « vos dérisions ? » — Le saint lui répondit tranquillement que s'il en usait ainsi, c'était pour saluer en lui un futur martyr de Jésus-Christ. Le notaire haussa les épaules et s'en alla.

Quelque temps après, en effet, ce notaire

changea de vie et alla avec son évêque à Jérusalem, où les Arabes le mirent à mort, après l'avoir maltraité pendant trois jours, parce qu'il défendait la sainteté de notre religion.

V

SAINT ANTOINE A LIMOGES.

Saint Antoine fut peu après nommé Gardien du couvent de Limoges. Pendant qu'il y était, il arriva qu'un novice prit la fuite après avoir quitté le saint habit et emportant une Bible manuscrite annotée par le Saint lui-même, et qui avait pour lui un prix inestimable, puisqu'elle renfermait tout le fruit de ses longs et patients travaux. Dès qu'il s'aperçut de cette perte, Antoine recourut à Dieu, et, dans une prière pleine d'ardeur et de confiance, conjura le Sauveur de lui faire retrouver son trésor.

Cependant le voleur dans sa fuite, aperçoit soudain un monstre terrible qui s'avance sur lui et lui ordonne de rapporter sa Bible à saint Antoine, s'il ne veut être à l'instant entrainé en enfer. Saisi d'épouvante et de remords, le fugitif revient, se précipite aux pieds du saint, lui rend son précieux manuscrit, le suppliant de lui pardonner et de l'admettre de nouveau parmi les novices du couvent.

Non seulement le Seigneur n'avait pas voulu laisser sans l'exaucer la prière d'Antoine, mais encore, désirant récompenser d'une manière toute spéciale sa grande confiance, il lui a donné la puissance particulière et bien connue de tous, de faire retrouver les choses perdues.

VI

SAINT ANTOINE A BRIVE.

La solitude de Brive, où il y avait un couvent fondé par notre saint faisait partie de la Custodie de Limoges et fut illustrée par de nouveaux miracles.

Pleine du désir d'entendre prêcher saint Antoine, une mère avait laissé à la maison un tout petit enfant, son fils unique, sans penser au chaudron qu'elle venait de mettre auprès du feu. La prédication terminée, elle retourna chez elle et aperçut, ô douleur ! le corps de son enfant plongé dans le chaudron d'eau bouillante. Elle se précipite et l'immense chagrin qu'elle ressent en relevant son fils, ne peut être comparé qu'à la joie qu'elle éprouve de le voir sain et sauf.

Une autre mère avait, pour aller au sermon, laissé son enfant encore endormi dans son berceau. De retour chez elle, elle le trouva étouffé, et courut vers le saint qui le prit dans ses bras et le lui rendit vivant. Il délivra aussi vers le même temps, d'une injuste jalousie le mari d'une personne pieuse.

Environ deux mois après le mort de saint François, qui arriva le 4 octobre 1226, saint Antoine retourna en Italie et assita à Assise au Chapitre Général, où il fut élu Provincial de la Romagne.

VII

LE MIRACLE DES POISSONS.

Rimini était alors de toutes les villes de la Romagne, la plus infectée par les hérésies. Antoine résolut de la prendre d'assaut. A cette nouvelle, les impies redoutant son éloquence, décidèrent de ne pas l'écouter et dissuadèrent aussi le peuple de l'entendre. Saint Antoine, monté en chaire, vit disparaître en un instant les quelques personnes qui s'étaient présentées. Il se recommanda alors au Seigneur et se rendit sur la grève, suivi de quelques curieux. Là, il appela à haute voix les poissons, les conviant à écouter les louanges de Dieu, puisque les hommes le fuyaient. A cet ordre, un nombre considérable de poissons, sortant la tête au-dessus des eaux tranquilles, se rangent et écoutent attentivement les paroles du saint. Sa prédication terminée, Antoine les bénit et les congédia. Aussitôt ces animaux, obéissant, se plongèrent dans les ondes et disparurent. Le saint se retourna alors vers la foule stupéfaite et toujours grossissant au bruit d'un tel prodige, lui reprocha son incrédulité, montra la malice du péché et réfuta l'hérésie avec tant de force qu'un nombre immense des spectateurs se convertirent.

VIII

LE MIRACLE DE LA MULE.

Parmi les incrédules, Bonvillo, de Rimini, était le plus obstiné. Le prodige des poissons ne l'avait pas convaincu : espérant même faire perdre à Antoine la renommée qu'il avait acquise, il lui fit la proposition suivante : « Je croirai, dit-il au saint, que Jésus-Christ est présent dans l'hostie consacrée, quand ma jument, à jeun depuis trois jours, laissera son avoine pour l'adorer. » Antoine, saisi d'horreur à ce propos, accepta néanmoins pour convaincre l'impie, et, au jour marqué, se présenta avec l'auguste Sacrement. Bonvillo conduisit son animal et lui offrit de l'avoine. Alors le saint appela celui-ci à haute voix et lui commanda d'adorer son Créateur dans cette hostie qu'il lui présentait. Aussitôt la jument laisse son avoine, se met à genoux, baisse la tête et reste dans cette position jusqu'à ce que le saint s'en aille avec le Saint-Sacrement. Bonvillo, convaincu, fit pénitence et devint ensuite un fervent catholique. Saint Antoine avait fait le même miracle à Toulouse et à Bourges (1). Peu de temps après, il découvrit et prit sans ressentir aucun mal, du poison qui lui avait été destiné.

(1) En souvenir de ce prodige, un église, encore aujourd'hui paroissiale, a été construite dans cette dernière ville, sous le vocable de Saint-Pierre-le-Gaillard.

IX

APPARITION DE L'ENFANT JÉSUS.

Ayant déjà parcouru, dans la visite de la Province, l'Émilie, l'Istrie, le Frioul et la Carnie, le saint arriva à Padoue. Son éloquence rendit bientôt la paix à cette ville, déchirée par les discordes civiles, et en chassa l'hérésie qui y régnait. C'est alors qu'il institua pour les habitants convertis la pieuse confrérie des Colombins. Il habitait dans la maison de Tison de Campo Gierspiero, grand admirateur de sa vertu. Celui-ci passait un jour près de la chambre d'Antoine. Quelle ne fut pas sa surprise quand il le vit se distraire avec un bel enfant, tout resplendissant de lumière ! Tison reconnut que c'était l'Enfant Jésus, qui, pour soulager les fatigues que le saint endurait en vue de la gloire de Dieu, venait lui faire goûter sur cette terre les joies du paradis. l'Enfant Jésus disparut et saint Antoine, sortant de sa chambre et apercevant Tison encore plongé dans la stupéfaction de ce qu'il venait de voir, le pria de n'en rien dire, ce que celui-ci observa fidèlement jusqu'à la mort du saint.

X

MIRACLES A PADOUE.

Pendant son séjour à Padoue, le saint reçut la visite d'un jeune homme, nommé Léonard, qui s'accusa en confession d'avoir donné, dans un excès d'emportement, un coup de pied à sa mère. Pour lui faire comprendre l'énormité de sa faute, Antoine lui dit : « Ce pied mérite d'être coupé. » Le jeune homme, rentré chez lui, prend un instrument tranchant, sépare le pied de la jambe et tombe évanoui. Sa mère accourt au bruit de sa chute, et comprenant au milieu de son épouvante, la raison de cet acte, va à l'instant même chercher le saint. Celui-ci se rend chez le jeune homme, et,

profondément ému de son courage, ramasse
le pied coupé, l'adapte à la jambe et les réu-
nit ainsi l'un et l'autre. Les traces seules de
la coupure demeurèrent en témoignage du
miracle opéré par saint Antoine.

Un autre jeune homme, s'étant présenté
pour se confesser, ne pouvait prononcer une
parole, empêché par les sanglots et les larmes. Le saint alors lui ordonna d'écrire sur
une feuille de papier les fautes qu'il avait
commises. Le jeune homme obéit et, pendant
que le confesseur lisait, les mots s'effaçaient
à mesure, de sorte que la feuille de papier
redevint complètement blanche.

XI

DÉLIVRANCE DE MARTIN DE BOUILLON.

Antoine était encore à Padoue lorsqu'il
apprit, par une inspiration divine, que son
père était accusé d'un meurtre à Lisbonne. Il
part sur le champ, avec la ferme confiance

d'arriver à temps pour le délivrer. Il se
présente donc devant le tribunal pour dé-
fendre son père ; mais les juges n'ajoutant
pas foi à ses paroles, il en appelle à la vic-
time elle-même et se rend au lieu de la
sépulture. Les juges, stupéfaits, l'accompa-
gnent néanmoins, suivis d'une multitude
immense. Antoine adjure alors le cadavre
de déclarer si vraiment Martin de Bouillon
a été son meurtrier. Le mort, déjà en pu-
tréfaction, se lève à la voix du Saint et
atteste d'une manière claire et distincte que
Martin de Bouillon est innocent du crime
dont il a été accusé, puis, se recouche dans
son tombeau. Les juges, confus à la vue de
ce prodige, renvoient à l'instant l'accusé.

Cependant Antoine avait disparu et se
retrouva rendu à l'Arcella ; son absence
n'avait, par le fait d'une intervention divine,
duré qu'un jour et deux nuits.

XII

ECCELINO DE ROMANO

En 1228, Eccelino de Romano, homme ambitieux et cruel, s'avançait sur Padoue pour s'en emparer, les armes à la main: Antoine courut au-devant de lui. Plein de zèle pour la gloire de Dieu, il le reprit sévèrement de son orgueil et de son avidité ambicieuse ; il l'avertit que les violences et les rapines commises par ses gens retomberaient sur son âme, et qu'il était grand temps pour lui de sortir de la voie de perdition dans laquelle il s'était engagé, sans quoi, non seulement il laisserait une mémoire déshonorée, mais encore il ferait une mort désespérée, conforme à sa vie criminelle. Effrayé par la remontrance du saint, Eccelino, déposant sa fierté, se mit sa ceinture au cou, se jeta aux genoux de saint Antoine, le suppliant d'intercéder en sa faveur auprès de Dieu pour éloigner les châtiments dont il était menacé.

Notre saint revint alors à Padoue, pour passer ensuite dans l'Émilie.

XIII

MIRACLE A FERRARE.

Arrivé à Ferrare, Antoine vit accourir vers lui une dame affligée. Elle venait le prier de délivrer son mari de l'injuste jalousie qu'il avait conçue à son égard, et par suite de laquelle il refusait de reconnaître comme sien son enfant qui venait de naître, prétendant même laver dans le sang de la mère et de l'enfant la tache imaginaire dont il se croyait atteint. Antoine ému, encouragea cette pauvre femme et l'engagea à mettre toute son espérance en Dieu, protecteur de l'inocence. — Peu de temps après le saint rencontra le mari jaloux qui s'entretenait avec d'autres gentilshommes et s'arrêta pour causer avec eux, lorsque vint à passer la mère affligée, suivie d'une femme qui portait son enfant. Le saint les arrêta, se mit à caresser le petit enfant et lui demanda lequel de ces seigneurs était son père. Les gentilshommes souriaient, sachant que ce pauvre petit nourrisson ne pouvait pas parler. Mais celui-ci, fixant les yeux sur le seigneur jaloux, s'écria d'une voix distincte : « C'est celui-ci qui est mon père. » Celui-ci, cessant son injuste jalousie, rendit à son épouse l'estime qui lui était due, les spectateurs demeurèrent stupéfaits.

XIV

L'USURIER DE FLORENCE.

Parti de Ferrare, Antoine arriva en **1229** à Florence, qu'il trouva infectée par l'usure. Un usurier étant venu à mourir, le saint fut appelé à faire son oraison funèbre il en profita pour s'élever contre l'avarice. « Ce péché,

« ajouta-t-il, qui rend l'homme malheureux
« en ce monde, le rend encore infiniment
« plus malheureux dans l'autre. Ainsi arri-
« ve-t-il à l'âme de ce mort, aujourd'hui con-
« damnée aux peines éternelles au milieu
« des démons. Allez à son coffre-fort, vous y
« trouverez son cœur parmi les écus qui lui
« étaient si chers ! » Les auditeurs surpris,
courent à la maison de l'avare, forcent ses
héritiers à ouvrir son coffre-fort, et là, au
milieu des écus, trouvent son cœur encore
chaud. Retournant à l'église, ils ouvrent
alors le cadavre et le trouvent sans cœur!
Épouvantés par ce miracle éclatant, beau-
coup abandonnèrent leur amour excessif de
l'argent.

Le saint se transporta ensuite dans l'Alvernie, où ses prédications et ses miracles
accomplirent des merveilles évangéliques.

XV

MIRACLE D'AREZZO

En revenant de l'Alvernie à Florence, il s'arrêta à Arezzo. Il y avait là un gentilhomme tellement colérique que, lorsqu'il entrait en fureur, il semblait vraiment avoir perdu la raison. Or, un jour que sa femme laissa échapper quelques paroles qui lui déplurent, il fut pris d'une telle rage qu'il se précipita sur elle, la frappa à coups de poings et à coups de pieds, lui arracha les cheveux et la peau de la tête et la jeta dans la cour. Accourus à ses cris, ses serviteurs relevèrent la malheureuse presque morte et la portèrent sur son lit. Cependant revenu au calme, ce seigneur rentra en lui-même et honteux, se souvenant de la sainteté d'Antoine, courut se jeter à ses pieds, confessant ses fautes et lui recommandant sa malheureuse épouse. Le saint se rendit près de cette femme, se mit en prières et la bénit. Aussitôt elle vit ses cheveux arrachés reprendre leur place, et elle sortit de son lit pleine de force et de santé.

Après ce miracle, saint Antoine continua la visite de sa Province et assista en 1230, au Chapitre Général à Assise.

XVI

L'ARCHE DU TESTAMENT.

Le Chapitre Général le chargea d'une mission auprès du Souverain Pontife, Grégoire IX.

Le Jubilé avait attiré à Rome une foule immense accourue de tous les points de la chrétienté. Le Saint-Père voulut qu'Antoine, prêchât publiquement devant lui et devant le Sacré Collège. Le peuple bien que n'espérant pas l'entendre, se porta en foule pour le voir. Mais quelle fut la surprise générale quand chacun l'entendit parler dans sa propre langue avec la plus grande netteté et la plus grande pureté d'expression ! Ce fut dans cette circonstance que le Saint-Père, admirant la science exégétique de l'orateur prononça à son sujet ces paroles : *Arche des deux Testaments et archives des saintes Écritures !*

Antoine quitta Rome avec la bénédiction du Souverain Pontife et résolut de se fixer à Padoue, ville qui lui était chère entre toutes ; il y arriva au mois de novembre 1230. Il avait alors trente-cinq ans.

Les conversions opérées par ses prédications et les miracles qu'il fit dans cette dernière période de sa vie, furent dignes de ce grand saint.

XVII

MORT BIENHEUREUSE.

Après avoir célébré à Padoue les fêtes de la Pentecôte, Antoine alla passer un mois à

Campo-Sampiero. Là, il se livra aux pratiques de la plus austère pénitence, sans tenir aucun compte de l'hydropisie dont il était atteint et qui le conduisait insensiblement au tombeau. Sentant bientôt que le moment était proche où il allait quitter cette vie mortelle pour la vie éternelle, il manifesta le désir d'être transporté à Padoue dans le couvent de Sainte-Marie, et l'on prépara à cet effet un char, car la gravité de son mal ne lui permettait pas de faire la route à pied. Mais près de l'Arcella, ses compagnons voyant son extrême faiblesse, le laissèrent dans ce couvent. Là, après s'être confessé, Antoine chanta l'hymne : *O Gloriosa Domina*, récita les psaumes de la pénitence, reçut l'Extrême-Onction, et, une demi-heure après être entré en agonie, rendit à Dieu son âme bénie, le 13 juin 1231, à l'âge de trente-six ans. Des petits enfants publièrent la mort dans Padoue, criant : « Le saint est mort ! »

Les Padouans accourus à l'Arcella, baignèrent son corps de leurs larmes, le suppliant de leur continuer cette affection qu'il leur avait témoignée pendant sa vie. Le pape Grégoire IX, qui avait connu particulièrement saint Antoine de Padoue, le canonisa l'année suivante, le 20 mai, jour de la Pentecôte.

XVIII

SANCTUAIRES DE SAINT ANTOINE EN FRANCE.

Il existe en France, plusieurs pèlerinages fréquentés par les dévots de saint Antoine.

1° BRIVE-LA-GAILLARDE. On y voit les Grottes où le saint aimait à se retirer, lorsqu'il habitait cette ville. Ce pèlerinage est desservi par les Pères Franciscains.

2° LYON. Dans l'église de Saint-Bonaventure, se trouve un autel dédié à notre Thaumaturge. Le concours des fidèles qui le visitent, et les nombreux ex-voto qui ornent la chapelle, montrent la confiance des Lyonnais envers le saint.

3º LES HAUTS-BUTTÈS, près Monthermé, département des Ardennes, ancien pèlerinage rétabli depuis quelques années. Le jour de la fête de saint Antoine on y rencontre plus de 3 000 pèlerins venus de la Belgique et du nord de la France pour demander des grâces à cette gloire de l'Ordre Séraphique.

4º PARIS, 5, impasse de Saxe. Les ex-voto qui, en grand nombre entourent la statue du saint, dans la chapelle des Pauvres Clarisses, montrent bien que saint Antoine se plaît à exaucer les prières des fidèles qui l'y invoquent.

5º Nos Sœurs Franciscaines Missionnaires de Marie ont à Vanves (près Paris) une église dédiée à saint Antoine de Padoue, protecteur de leur imprimerie franciscaine. L'œuvre de l'aumône du pain des pauvres est établie dans ce sanctuaire.

PIEUSE UNION

EN L'HONNEUR

DE SAINT ANTOINE DE PADOUE

Canoniquement érigée dans l'église du saint
à Rome, Via Merulana,
près de Saint-Jean de Latran.

> *Membra, resque, perditas,*
> *Petunt et accipiunt.*
> Demandez à saint Antoine
> avec confiance les choses per-
> dues et vous les retrouverez.
> *(S. Bonav.)*

La grande dévotion du peuple chrétien pour saint Antoine de Padoue, sa confiance en ce grand saint, sont connues de tous. Son culte s'étend partout ; en tous lieux on voit s'élever des églises en son honneur, on trouve des statues et des peintures qui le représentent ; sa fête est célébrée avec une solennité et un concours qui vont toujours grandissant.

La raison de cette dévotion et de cette confiance universelle vient sans nul doute, du privilége signalé que Dieu a donné à saint Antoine d'opérer d'éclatants prodiges et d'obtenir à tous ceux qui l'invoquent des faveurs singulières et des grâces sans nombre.

Le Séraphique Docteur saint Bonaventure a merveilleusement célébré cette puissance d'intercession dans le répons : *Si quæris miracula,* et c'est à bon droit que le glorieux saint Antoine mérite le nom de Thaumaturge dans la sainte Église.

Si ce grand saint protège près de Dieu ceux qui lui sont dévots, si son intercession obtient la guérison des infirmes et préserve de tous dangers ; d'une façon non moins particulière, il manifeste son pouvoir en exauçant ceux qui l'invoquent pour retrouver les choses perdues. Ce pouvoir est attesté par tous ceux qui dans ces occasions ont eu recours à notre saint.

La puissance de notre Thaumaturge ne

s'exerce pas seulement dans l'ordre naturel ; elle s'étend efficacement sur les biens de l'ordre surnaturel dont la perte est autrement déplorable. Sur la terre, saint Antoine était embrasé d'un zèle vraiment apostolique ; il brûlait du désir de convertir les infidèles et de ramener les hérétiques et les pécheurs à la vérité et à la grâce divine. Il n'est donc pas étonnant que les malheureux privés de la vie de la grâce puissent, par son intercession, la retrouver s'il l'ont perdue, ou l'obtenir s'ils ne l'ont jamais eue.

Des chrétiens éminents, remplis de zèle pour le salut des âmes, ont eu la pensée, avec l'approbation du Ministre Général des Frères Mineurs et de son définitoire, d'établir dans l'église dédiée à saint Antoine, près de Latran, église très fréquentée des fidèles, *la pieuse Union universelle de Saint-Antoine de Padoue*. Ce projet a été vivement loué par tous ceux qui en ont eu connaissance, et en particulier par S. Em. le Cardinal Lucido-Maria Parocchi, Vicaire

Général de Sa Sainteté. Son Éminence a béni la première pierre de cette église Saint-Antoine et l'a solennellement consacrée avec le concours de dix évêques de l'Ordre Séraphique.

En divers pays et particulièrement dans les églises franciscaines, il existe, il est vrai, de nombreuses associations en l'honneur de saint Antoine de Padoue ; mais il a semblé opportun d'en établir une à Rome, siège du Vicaire de Jésus-Christ, et dans l'église même du couvent Saint-Antoine, où se trouve maintenant la résidence du Ministre Général de tout l'Ordre des Mineurs. Les enfants de Saint-François et les fidèles qui viennent à Rome de tous les points du monde pourront ainsi plus facilement connaître cette pieuse Union et s'y faire inscrire, afin d'accroître leur propre dévotion à saint Antoine de Padoue et de procurer plus efficacement le salut des âmes.

STATUTS

I. — BUT DE CETTE PIEUSE UNION.

Ce but est double :

1º Remercier Dieu des privilèges singuliers dont il a enrichi saint Antoine de Padoue et de la gloire qu'il lui accorde au ciel et même sur la terre.

2º Demander à saint Antoine que ceux qui recourent à lui pour obtenir les nécessités de l'âme et du corps ou qui recherchent avant tout le règne de Dieu et sa justice soient exaucés par son intercession, c'est-à-dire :

A/ Que les païens, les incrédules, les juifs, les hérétiques et les schismatiques trouvent la lumière de la foi qu'ils n'ont jamais eue ou qu'ils ont misérablement perdue.

B/ Que les pécheurs si chers à saint Antoine, recouvrent la divine grâce perdue par le péché et retournent à Dieu par une vraie pénitence.

C/ Que les Frères et les Sœurs des trois Ordres de Saint-François, ne cessent de chercher avec la même ardeur que saint Antoine et selon leur Règle et Constitutions particulières, le précieux trésor de l'esprit séraphique ; qu'ils aient le bonheur de le trouver ou que l'ayant ils le gardent avec soin.

D/ Que les pauvres trouvent le pain de chaque jour nécessaire à leur subsistance.

E/ Que ceux qui ont eu le malheur de perdre les biens de la fortune ou de la réputation, puissent les recouvrer.

II. — OBLIGATIONS.

Pour atteindre le but indiqué, tous les associés doivent :

3° Réciter chaque jour, trois fois le *Gloria Patri,* pour remercier la Très Sainte Trinité de l'admirable pouvoir d'intercession qu'elle a concédé à saint Antoine.

4º Réciter chaque jour, en l'honneur de saint Antoine le répons « *Si quæris miracula* » ou s'il ne le savent pas, un *Pater*, *Ave* et *Gloria*.

5º Faire une aumône aux pauvres, chaque fois qu'ils ont obtenu quelque grâce par l'intercession de saint Antoine.

6º Envoyer au Père Directeur de la Pieuse Union, le récit des faveurs ou des grâces obtenues par l'intercession du saint ; ces récits qui doivent être contresignés autant que possible, par leur confesseur ou quelque personne digne de foi, seront conservés dans les archives de couvent de Saint-Antoine.

7º Se confesser et communier le 13 juin, jour de la fête du saint, ou un jour pendant l'octave.

III. — CONDITIONS D'ADMISSION.

8º Tous les fidèles qui désirent faire partie de la Pieuse Union, doivent envoyer au Père Directeur nommé par le Ministre

Général de l'Ordre, à Rome, collège Saint-Antoine, via Merulana, **124**, leurs noms, prénoms, celui de leur patrie et le lieu de leur domicile.

6º Tous doivent observer fidèlement les obligations indiquées plus haut.

IV. — AVANTAGES.

10º Tous les associés, à partir du jour de leur agrégation, ont part à une messe qui se dit chaque mardi pour eux et pour les autres bienfaiteurs de l'église Saint-Antoine où se célèbrent quotidiennement plus de 50 messes.

11º En vertu de la communication accordée par le Rme Père Général de l'Ordre, les associés ont part aux prières et aux saintes œuvres qui se font tous les jours dans l'Ordre des Frères Mineurs placés sous sa juridiction.

APPROBATION

Lucido-Maria Parocchi, par la miséricorde divine, Cardinal Évêque d'Albano, Vicaire Général de Notre Saint-Père le Pape, juge ordinaire de la Cour Romaine et de son district, etc.

La pieuse Union en l'honneur de saint Antoine de Padoue, a pour but d'exciter et d'accroître la dévotion à ce grand Thaumaturge, de rappeler ses privilèges et d'obtenir par son intercession de la bonté divine, les faveurs nécessaires pour l'âme et pour le corps. En vertu de notre autorité ordinaire nous érigeons cette association dans l'église consacrée à S. Antoine, via Merulana, près de l'archibasilique de Latran. Nous la déclarons canoniquement érigée et nous approuvons ses statuts contenus dans quatre chapitres et onze articles.

Donné à Rome, au palais du Vicariat, 13 février 1894.

L. M. PAROCCHI, *Cardinal Vicaire.*

PIERRE CHECCHI, *Secrétaire.*

Conforme à l'original conservé aux archives du Vicariat, Rome, le 14 février 1894.

PIERRE CHECCHI, *Secrétaire*

INDULGENCES

ACCORDÉES AUX MEMBRES DE LA PIEUSE UNION

DE SAINT-ANTOINE DE PADOUE

par le décret de la S. C. des Indulgences, du 4 mai 1894.

I. — INDULGENCES PLÉNIÈRES.

1° Le jour de l'inscription ou le dimanche qui suit immédiatement.

2° Pour la fête de saint Antoine de Padoue, patron de la Pieuse Union (13 juin).

3° Pour la fête de sa Translation (15 février).

4° Pour chacun des 13 mardis continus, en quelque temps de l'année qu'on les choisisse, aux membres de la Pieuse Union qui font cet exercice de dévotion en l'honneur du saint Thaumaturge, pourvu qu'à chacun de ces mardis, après s'être confessés et avoir communié, ils visitent une église ou oratoire public et y prient aux intentions du Souverain Pontife.

5° A l'article de la mort, moyennant la confession, la communion et si on le pouvait, en invoquant dévotement le saint Nom de Jésus, de bouche ou au moins de cœur.

II. — INDULGENCES PARTIELLES.

1° 7 ans et 7 quarantaines pour chaque jour de la neuvaine préparatoire à la fête de saint Antoine (13 juin).

2° 100 jours, une fois par jour, en récitant *3 Gloria Patri*, en actions de grâces à la Très Sainte Trinité, pour les dons merveilleux accordés au saint Thaumaturge.

3° 100 jours une fois le jour en récitant une prière aux intentions proposées dans la Pieuse Union.

Toutes ces indulgences sont applicables aux âmes du Purgatoire et accordées à perpétuité.

Ce catalogue est exactement conforme au rescrit original.

LE MARDI

CONSACRÉ A SAINT ANTOINE.

Saint Antoine, mort le vendredi 13 juin
1231, ne fut inhumé que le mardi suivant.
Les prodiges opérés ce jour-là par son intermédiaire furent si nombreux et si éclatants
que les peuples reconnaissants lui ont spé-
cialement consacré le mardi. C'est le mardi
surtout qu'on allait visiter son tombeau, et
l'on croyait généralement à Padoue que l'on
obtenait sûrement tout ce qu'on lui demandait en ce jour. Le fait suivant confirma
encore cette croyance. En 1617, une noble
dame de Bologne demandait avec ferveur
une grâce par l'intercession de saint Antoine.
Elle vit une nuit dans un songe le saint qui
lui dit : « Visite pendant neuf mardis mon
image dans l'église de Saint-François et tu

seras exaucée. » Elle suivit les ordres du saint et obtint ce qu'elle désirait.

Les Franciscains répandirent ce miracle en recommandant la dévotion des *neuf mardis*. L'on peut faire neuf jours consécutifs, les prières des neuf mardis. Nous donnons ci-après les prières pour cet exercice, source de grâces abondantes pour ceux qui le pratiquent.

NEUVAINE

A SAINT ANTOINE DE PADOUE

Le plus sûr garant du succès de la neuvaine, c'est de la commencer par une bonne
confession, Dieu ne se plaisant pas à exaucer
les prières des pécheurs, d'après la sainte
Écriture. Il sera bon également de la terminer par une communion fervente.

Nous engageons aussi les fidèles à visiter
l'autel du saint, et s'ils le peuvent, à ajouter
l'aumône à la prière. C'est encore une
louable pratique de faire brûler un cierge
en son honneur.

PREMIER JOUR

Faites, Seigneur, que la grâce de l'Esprit-
Saint éclaire nos âmes et enflamme nos
cœurs, pendant que, prosternés aux pieds
de votre Infinie Majesté, nous allons médi-
ter sur les vertus de votre grand serviteur.

CONSIDÉRATION

Promptitude de saint Antoine
à correspondre à la grâce.

Considérons comment le saint, appelé par Dieu à l'Ordre des Chanoines Réguliers de Saint-Augustin, s'empressa de fouler aux pieds les honneurs que sa naissance illustre devait lui attirer et les richesses qui devaient lui échoir. Il obéit avec promptitude à la volonté divine, et offre à Dieu les prémices d'une âme si bien cultivée par sa mère ; dès l'âge le plus tendre, il revêt l'habit religieux.

Rappelons-nous la grande dette que le saint baptême nous a fait contracter envers Dieu ; prenons la résolution de tenir les promesses que nous avons faites à ce moment par la bouche de nos parrains : méprisons la vanité des choses du siècle et obéissons sans retard aux appels de la grâce.

Pater, Ave, Gloria.

PRIÈRE

Seigneur, source de toute richesse, accordez-nous par les mérites de saint Antoine la grâce de mépriser les biens de la terre pour vous suivre dans la voie des humiliations. Détachez notre cœur de tout ce qui pourrait nous empêcher d'obéir à vos saintes inspirations, afin que nous puissions nous attacher à vous, source unique de la vraie et éternelle félicité.

RÉPONS MIRACULEUX

(ATTRIBUÉ A SAINT BONAVENTURE)

Si quæris miracula,
Mors, error, calami-
[tas,
Dæmon, lepra fu-
[giunt
Ægri surgunt sani.

Si vous voulez des miracles, allez à saint Antoine à son aspect, la mort rend ses victimes ; l'hérésie disparaît ; les calamités, la lèpre, les démons s'enfuient ; les malades recouvrent la santé.

R̃. Sous son empire la mer s'apaise, les chaînes sont rompues, les jeunes gens et les vieillards retrouvent, selon leurs vœux, la vigueur de leurs membres et les choses perdues.

Le danger disparaît, la misère cesse. Heureux habitants de Padoue, qui avez reçu ses bienfaits, racontez ces merveilles.

R̃. Sous son empire...

Gloire au Père, au Fils et au Saint-Esprit...

R̃. Sous son empire...

ẙ. Priez pour nous, bienheureux saint Antoine.

R̃. Afin que nous devenions dignes des

R̃. Cedunt mare,
[vincula,
Membra, resque perditas
Petunt et accipiunt
Juvenes et cani.

Pereunt pericula,
Cessat et necessitas.
Narrent hi qui sentiunt,
Dicant Paduani.

R̃. Cedunt mare...

Gloria Patri et Filio et Spiritui Sancto.

R̃. Cedunt mare...

ẙ. Ora pro nobis, beate Antoni.

R̃. Ut digni efficia-

mur promissionibus Christi.	promesses de Jésus-Christ.
OREMUS	ORAISON
Ecclesiam tuam, Deus, beati Antonii confessoris tui commemoratio votiva lætificet, ut spiritualibus semper muniatur auxiliis et gaudiis perfrui mereatur æternis. Per Christum Dominum nostrum. Amen.	Que votre Église, ô mon Dieu, soit réjouie par l'intercession du bienheureux saint Antoine, votre confesseur, afin que fortifiée par les secours divins, elle puisse jouir des joies éternelles. Par Notre-Seigneur Jésus-Christ. Ainsi soit-il.

(N. S. P. le Pape Pie IX a accordé par un rescrit du 25 janvier 1866 : 1° cent jours d'indulgence à ceux qui réciteront ce répons ; 2° une indulgence plénière aux conditions ordinaires, confession, communion et prières aux intentions du Souverain Pontife, à ceux qui le réciteront pendant un mois.)

On ne peut mieux terminer l'exercice de la neuvaine que par la prière favorite de saint Antoine, que sa sainte mère lui avait apprise dès sa plus tendre enfance et qu'il récita au moment de son bienheureux trépas.

O glorieuse Souveraine, élevée au-dessus des cieux, vous avez nourri de votre précieuse substance Celui qui vous a créée.

O Gloriosa Domina,
Excelsa super sidera,
Qui te creavit provide,
Lactasti sacro ubere.

Ce qu'Eve coupable nous avait enlevé, vous nous l'avez rendu par votre fruit divin. Pour que les malheureux humains puissent entrer dans la gloire, vous avez été établie la Porte du Ciel.

Quod Eva tristis abs-
[tulit
Tu reddis almo ger-
[mine,
Intrent ut astra flebi-
[biles,
Cœli fenestra facta es.

Vous êtes la porte par laquelle le grand Roi est descendu à nous, et la voie brillante de la véritable lumière ; la vie nous est donnée par la

Tu regis alti janua,
Et porta lucis fulgida.
Vitam datam per Vir-
[ginem,
Gentes Redemptæ
[plaudite.

Gloria tibi, Domine,
Qui natus es de Vir-
[gine !
Cum Patre et sancto
[Spiritu
In sempiterna sæcula.
Amen.

Vierge : nations ra-
chetées de la mort
chantez ses louanges.
Gloire à vous, Sei-
gneur, qui êtes né de
la Vierge ; gloire au
Père et au Saint-Es-
prit, dans tous les
siècles des siècles.
Ainsi soit-il.

NOTA. Les exercices seront les mêmes pour chaque jour de la neuvaine, sauf la considération et la prière particulière qui lui est adaptée.

DEUXIÈME JOUR

CONSIDÉRATION

Amour de saint Antoine pour la souffrance.

Considérons comment le saint, à la vue des dépouilles de cinq Religieux Franciscains martyrisés par le roi du Maroc, poussé par le désir de verser son sang pour Jésus-Christ et d'atteindre une plus grande perfection, revèt l'habit de Frère-Mineur et part pour l'Afrique pour y trouver le martyre ; mais retenu par la maladie, il ne peut obtenir le but de ses vœux, il y supplée en devenant, par les jeûnes et les austérités, le martyr de la pénitence.

Rappelons-nous, que, si nous ne sommes pas appelés à subir le martyre pour la foi, nous devons du moins réprimer nos passions et notre sensualité, en rejetant loin de nous tout ce qui pourrait nous amener à offenser Dieu.

PRIÈRE

O Jésus, mon Sauveur, à quelle distance nous sommes de votre serviteur fidèle ! Lui, dans son amour pour vous, brûle de verser son sang pour votre gloire, et nous, nous ne savons même pas sacrifier nos désirs coupables et mortifier nos appétits déréglés. Ah ! Seigneur, accordez-nous par l'intercession de saint Antoine, la grâce de bien connaitre notre état déplorable, d'abandonner la voie du péché et de devenir de véritables chrétiens, pénitents sur la terre, afin d'être au nombre des élus pendant l'éternité !

TROISIÈME JOUR

CONSIDÉRATION

Humilité de saint Antoine.

Remarquons que saint Antoine, bien que doué d'une érudition profonde et fort avancé dans les sciences les plus sublimes, s'efforça toujours de cacher son savoir pour fuir les applaudissements des hommes, et aimait à passer pour ignorant et imparfait.

Rappelons-nous que nous devons autant que possible cacher aux yeux des créatures terrestres les qualités de notre âme, et, si nous sommes obligés de les faire valoir, tâchons du moins de n'en pas tirer vanité.

PRIÈRE

O aimable Jésus, quand pourrons-nous mériter d'être l'objet de vos complaisances, nous qui nous laissons dominer par l'esprit d'ambition et de vanité, qui cherchons à être applaudis pour le moindre bien que nous faisons, ne réfléchissant pas que tout ce que nous possédons, c'est votre seule libéralité qui nous l'accorde. Par amour pour saint Antoine, déracinez de notre cœur tout germe de vanité, afin que nous reconnaissions notre néant et que nous méritions votre miséricorde.

QUATRIÈME JOUR

CONSIDÉRATION

Patience de saint Antoine.

Considérons notre saint, maltraité par les hérétiques dans plusieurs villes d'Italie, accablé d'injures par ses ennemis, gardant au milieu des outrages une patience invincible, et, à l'exemple du Sauveur, priant sans cesse Dieu de convertir les premiers et de pardonner aux seconds.

Prenons, pour l'imiter, la résolution de

supporter avec patience les outrages qui nous viennent du prochain, et de prier pour ceux qui nous font du mal.

PRIÈRE

O doux Jésus, qui par vos paroles et votre exemple, nous avez enseigné la vertu si belle de la patience et le pardon des injures, prenez-nous en pitié, nous qui ne pouvons supporter aucune offense et nous laissons dominer par le désir de la vengeance. Par l'amour de notre saint, accordez-nous la grâce d'accepter, en expiation de nos fautes, toutes les humiliations, afin qu'ayant ainsi satisfait à votre justice et pardonné à nos frères, nous méritions aussi le pardon de nos péchés.

CINQUIÈME JOUR

CONSIDÉRATION

Amour de saint Antoine pour Dieu.

Considérons le saint plein d'amour pour son Créateur et n'ayant pas une seule pensée qui puisse le détourner de Dieu. Son cœur, était tellement détaché des choses de la terre qu'il ne pouvait trouver aucun plaisir à rien de ce qui ne venait pas du Seigneur ou ne descendait pas de Lui.

Que nos désirs, à son imitation, soient d'aimer Dieu par-dessus toutes choses et que toutes nos pensées soient constamment tournées vers le ciel.

PRIÈRE

O doux Sauveur, vous seul méritez toutes les affections de notre cœur, et cependant, hélas ! nous nous en servons pour aimer les créatures d'un amour déréglé. C'est pour vous que vous nous avez créés, faites donc, Seigneur, qu'à l'exemple de notre saint, nous brûlions d'amour pour vous, que notre seul bonheur ici-bas soit de vous servir et de vivre pour vous, qui seul êtes digne de posséder notre cœur.

SIXIÈME JOUR

CONSIDÉRATION

Pauvreté de saint Antoine.

Considérons le saint, amoureux de la pauvreté évangélique, abandonnant son riche patrimoine, méprisant les biens terrestres, refusant avec une sainte indignation les présents magnifiques que lui envoyait Eccelino, et chassant de sa présence les messagers de ce tyran, en leur disant : « Allez dire à votre « maître que je ne veux pas partager avec « lui les dépouilles du pauvre peuple. »

Prenons à la vue de ce désintéressement la ferme résolution de nous détacher des richesses, source de tant de maux ; si nous les possédons, que notre cœur n'y soit pas attaché ; si nous sommes pauvres, ne désirons pas de devenir riches, puisqu'à la mort il nous faudra tout laisser.

PRIÈRE

Aimable Jésus, source de tout bien véritable, qui vous êtes fait homme et avez daigné embrasser la pauvreté pour nous apprendre à mépriser les choses de ce monde, accordez-nous par l'amour de notre saint, la grâce d'être ses imitateurs dans le détachement de tout ce qui pourrait nous éloigner de vous et de mépriser les richesses de la terre, pour mériter la possession des biens du ciel pendant toute l'éternité.

SEPTIÈME JOUR

CONSIDÉRATION

Haine de saint Antoine pour le péché.

Notre saint désirait si ardemment conserver son innocence qu'il put la préserver du péché mortel, haïssant au-delà de toute expression ce monstre sorti de l'enfer et lui faisant une guerre acharnée, non seulement pour lui-même, mais encore pour son prochain. Aussi est-il infatigable dans ses prédications, pour obliger les pécheurs à abandonner les sentiers du vice.

Prenons la résolution d'avoir à l'avenir, pour le péché mortel, une haine implacable, de ne le jamais commettre, et d'aider notre prochain à l'éviter par nos bons exemples et nos charitables avertissements.

PRIÈRE

O bien-aimé Jésus, qui avez triomphé ṭ péché en mourant sur la croix, par amou. pour notre saint qui lui fit une guerre continuelle et en délivra tant d'âmes qui en étaient les victimes, accordez-nous votre grâce pour nous aider à le combattre aussi : éclairez notre esprit de votre lumière céleste, pour que nous prenions une ferme résolution de le détester et de le détruire en nous, afin que le sang précieux que vous avez répandu pour nous ne demeure pas inutile, mais

nous délivre de l'esclavage de Satan et soit
la source de notre salut éternel.

HUITIÈME JOUR

CONSIDÉRATION

Chasteté de saint Antoine.

Considérons la vigilance de notre saint à
l'égard de ses sens, auxquels il ne permettait
rien qui fût de nature à souiller la pureté
de son âme et à blesser cette belle vertu qui
élève l'homme et le rend, pour ainsi dire,
l'égal des anges.

Rappelons-nous que nous devons surveiller avec un soin extrême nos sens, qui sont
la cause de la plus grande partie de nos
fautes. Prenons la résolution de garder avec
une sainte jalousie, selon notre état, le précieux trésor de la chasteté.

PRIÈRE

O miséricordieux Jésus, nous confessons
à vos pieds que la trop grande liberté que

nous avons donnée à nos sens nous a rendus coupables de bien des fautes. Ayez pitié de nous, Seigneur, nous vous en supplions ! Accordez-nous par les mérites de saint Antoine, la grâce de mieux surveiller nos sens à l'avenir, et de ne point céder aux tentations du démon. Nous vous promettons d'être plus fervents dans nos prières, de fuir les occasions du péché et d'observer votre loi, afin d'avoir le bonheur de vivre avec vous et de vous bénir pendant l'éternité.

NEUVIÈME JOUR

CONSIDÉRATION

Mort bienheureuse de saint Antoine.

Considérons le saint, parvenu au terme de sa carrière, chargé de mérites et orné des plus héroïques vertus. Assisté par la Vierge Immaculée, il remet son âme à son doux Sauveur et va recevoir de Lui la récompense éternelle de ses travaux.

Rappelons-nous que, si nous voulons obtenir la même récompense, nous devons vivre en bons chrétiens et persévérer jusqu'à la fin de notre vie dans la pratique de la vertu.

PRIÈRE

O Jésus, qui accordez à vos vrais serviteurs la faveur d'une sainte mort, gage assuré de la gloire céleste. Vous qui avez rendu si glorieux le trépas de notre saint, pour qu'il fût glorifié même sur cette terre, donnez-nous la grâce de pratiquer constamment la vertu, afin d'être l'objet de vos douces complaisances au moment de la mort et de vous posséder éternellement dans la patrie bienheureuse.

LITANIES

DE

SAINT ANTOINE DE PADOUE

(POUR LA RÉCITATION PRIVÉE)

Kyrie, eleison.	Seigneur, ayez pitié de nous.
Christe, eleison.	Christ, ayez pitié de nous.
Kyrie, eleison.	Seigneur, ayez pitié de nous.
Christe, audi nos.	Christ, écoutez-nous.
Christe, exaudi nos.	Christ, exaucez-nous.
Pater de cœlis Deus, miserere nobis.	Dieu, le Père des cieux, ayez pitié de nous.
Filii, redemptor mundi Deus, miserere nobis.	Dieu, le Fils, rédempteur du monde, ayez pitié de nous.
Spiritus sancte Deus, miserere nobis.	Esprit-Saint, qui êtes Dieu, ayez pitié de nous.
Sancta Trinitas, unus Deus, miserere nobis.	Trinité Sainte, qui êtes un seul Dieu, ayez pitié de nous.

Sainte Marie, conçue sans péché. priez pour nous.

Saint Antoine de Padoue, priez pour nous,

Saint Antoine, sanctuaire de la céleste sagesse,

Saint Antoine, miroir d'obéissance,

Saint Antoine, ami de la pénitence,

Saint Antoine, zélateur de la justice,

Saint Antoine, vainqueur de la concupiscence,

Saint Antoine, amant de la croix,

Saint Antoine, lis d'innocence,

Saint Antoine, nouvel astre de l'Espagne,

Saint Antoine, propagateur de l'Évangile,

Sancta Maria, sine peccato concepta, ora pro nobis.

Sancte Antoni de Padua, ora pro nobis.

Sancte Antoni, sacrarium cœlestis sapientiæ,

Sancte Antoni, spéculum obedientiæ,

Sancte Antoni, cultor pœnitentiæ,

Sancte Antoni, sectator justitiæ,

Sancte Antoni, victor concupiscentiæ,

Sancte Antoni, Crucis amantissime,

Sancte Antoni, lilium innocentiæ,

Sancte Antoni, novum sidus Hispaniæ,

Sancte Antoni, zelator Evangelii,

Sancte Antoni, præco Verbi Dei,

Saint Antoine, prédicateur de la parole de Dieu,

Sancte Antoni, interpres Spiritûs Sancti,

Saint Antoine, interprète du Saint-Esprit,

Sancte Antoni, malleus hæreticorum,

Saint Antoine, marteau des hérétiques,

Sancte Antoni, pavor infidelium,

Saint Antoine, effroi des infidèles,

Sancte Antoni, terror dæmoniorum,

Saint Antoine, terreur des démons,

Sancte Antoni, exemplar perfectionum,

Saint Antoine, modèle de perfection,

Sancte Antoni, gloria Minorum,

Saint Antoine, gloire de l'Ordre Séraphique,

Sancte Antoni, germen apostolorum,

Saint Antoine, qui engendrez des apôtres,

Sancti Antoni, illustrator peccatorum,

Saint Antoine, qui éclairez les pécheurs,

Sancte Antoni, doctor erratium,

Saint Antoine, qui guidez les voyageurs,

Sancte Antoni, patrator miraculorum,

Saint Antoine, qui semez les miracles,

Sancte Antoni, Con-

Saint Antoine, qui

consolez les affligés,
Saint Antoine, défenseur de l'innocence,
Saint Antoine, qui rendez la parole aux muets,
Saint Antoine, qui chassez les démons,
Saint Antoine, qui délivrez les captifs,
Saint Antoine, qui guérissez les infirmes,
Saint Antoine, qui ressuscitez les morts,

Saint Antoine, qui rendez la vue aux aveugles,
Saint Antoine, qui faites retrouver les choses perdues,
Saint Antoine, défenseur du bon droit,

Saint Antoine, source de pureté céleste,

solator afflictorum,
Sancte Antoni, defensor innocentium,
Sancte Antoni, mutorum eloquium,

Sancte Antoni, dœmoniorum effugator,
Sancte Antoni, captivorum liberator,
Sancte Antoni, infirmorum curator,

Sancte Antoni, mortuorum ressuscitator,

Sancte Antoni, cœcorum illuminator,

Sancte Antoni, rerum perditarum repertor,
Sancte Antoni, litigantium justitiæ defensor,

Sancti Antoni, semen cœlestis puritatis

Sancte Antoni, gemma paupertatis,

Saint Antoine, perle de la pauvreté,

Sancte Antoni, amator apostolicæ perfectionis,

Saint Antoine, amateur de la perfection apostolique,

Sancte Antoni, fornax caritatis,

Saint Antoine, fournaise de charité,

Sancte Antoni, contemptor vanitatis,

Saint Antoine, contempteur de la vanité,

Sancte Antoni, in mare periclitantium salus,

Saint Antoine, salut des naufragés,

Sancte Antoni, omnium te invocantium adjutor,

Saint Antoine, secours de tous ceux qui vous invoquent,

Agnus Dei, qui tollis peccata mundi, parce nobis, Domine.

Agneau de Dieu, qui effacez les péchés du monde, pardonnez-nous, Seigneur.

Agnus Dei, qui tollis peccata mundi, exaudi nos, Domine.

Agneau de Dieu, qui effacez les péchés du monde, exaucez-nous, Seigneur.

Agnus Dei, qui tollis peccata mundi, exaudi nos, Domine.

Agneau de Dieu, qui effacez les péchés du monde, ayez pitié

de nous, Seigneur.
Christ, écoutez-nous.
Christ, exaucez-nous.

℣. Priez pour nous, bienheureux saint Antoine.

℟. Afin que nous devenions dignes des promesses de N. S. Jésus-Christ.

ORAISON

O mon Dieu, que l'intercession du bienheureux Antoine, votre confesseur, réjouisse votre Église, afin que sans cesse fortifiée par les secours spirituels, elle mérite de parvenir aux joies éternelles. Par Jésus-Christ Notre Seigneur. Ainsi soit-il.

Christe, audi nos.
Christe, exaudi nos.

℣. Ora pro nobis, beate Antoni.

℟. Ut digni efficiamur promissionibus Christi.

ORAISON

Ecclesiam tuam, Deus, beati Antonii, confessoris tui, deprecatio votiva lætificet, ut spiritualibus semper muniatur auxiliis, et gaudiis perfrui mereatur æternis. Per Christum Dominum nostrum. Amen.

Je ne puis mieux terminer cet opuscule qu'en y insérant la petite lettre de saint Antoine, très efficace pour mettre en fuite les démons, pour dissiper les tentations et pour recouvrer et conserver la paix de l'âme. Elle est appelée ainsi, parce qu'elle a été écrite par le saint et remise par lui à une personne que le démon voulait perdre pour l'éternité en lui suggérant de se donner la mort.

† Ecce crucem Domini ;
† Fugite, partes adversæ.
† Vicit Leo de tribu Juda,
    radix David.
Alleluia, alleluia !

† Voici la croix du Seigneur,
† Fuyez, démons.
† Le Lion de la Tribu de Juda, rejeton
    de David, vous a vaincus,
Louez Dieu ! Louez Dieu !

TABLE

L'imprimeur-gérant : GANNEREAU

Imp. Spéciale, 16, route de Clamart, Vanves (Seine).

LA VOIX DE SAINT ANTOINE

PUBLICATION ARTISTIQUE

BULLETIN MENSUEL ET ILLUSTRÉ

DE LA PIEUSE UNION

DE SAINT ANTOINE DE PADOUE

SOUS LE PATRONAGE DU RME PÈRE MINISTRE GÉNÉRAL
DES FRANCISCAINS

Prix de l'abonnement : 5 francs pour les pays de l'Union postale.

On peut s'abonner, à Paris, R. P. Directeur *de la Voix de Saint Antoine*, 93, rue de Seine.

9 782019 144555